Collection dirigée par Hélène Montardre
Correction scientifique : Philippe Dubois
Maquette : Sarbacane

Loi n° 49-956 du 16 juillet 1949
sur les publications destinées à la jeunesse
Dépôt légal : octobre 2000

Qui es-tu ?
Le petit castor

Textes de Christian Marie

MANGO JEUNESSE

Pas tout seul !

Le petit castor nage tranquillement à la surface de l'eau sous la surveillance de ses parents. Interdiction de s'éloigner ! Il est encore trop jeune pour s'aventurer seul loin de sa maison.

Ce n'est qu'à la tombée du jour qu'il pourra suivre les plus grands dans leurs occupations quotidiennes.

La maman castor donne naissance à 3 ou 4 petits. Les bébés castors naissent au printemps, en mai ou en juin. À la naissance, ils ont déjà les yeux ouverts et ils sont couverts de poils.

À TON AVIS :

Qu'est-ce qui distingue le petit castor du rat ou de la marmotte ?

→ Réponse 1 : Il est le seul à avoir les yeux rouges.

→ Réponse 2 : Il possède une queue plate et lourde.

→ Réponse 3 : Il adore faire des glissades sur la neige pendant l'hiver.

… Le castor possède une

À la naissance, le jeune castor pèse presque 1 kilo. Avec ses frères et sœurs, il tète le lait de sa maman. Celle-ci va l'allaiter pendant environ un mois et demi. Au bout de quelques heures seulement, le bébé castor est capable de nager autour de la hutte. Petit à petit, il deviendra plus indépendant.

La tête du castor est petite, avec un museau court, de fines moustaches, de petits yeux et des oreilles rondes qui se bouchent quand il plonge sous l'eau.

La queue du castor est écailleuse, large et aplatie. Elle lui sert de point d'appui. Sous l'eau, il l'utilise comme un gouvernail ou un propulseur. Et c'est aussi une réserve de graisse.

queue plate et lourde.

Le corps du castor est trapu, couvert de poils très épais et imperméables. C'est une fourrure idéale pour se protéger du froid.

Près de l'eau et des arbres

Le petit castor vit au bord d'une rivière. L'eau est peu profonde. En hiver, elle ne doit pas geler complètement. Des arbres poussent au bord de l'eau : des saules, des peupliers, des aulnes…
Ce sont eux qui fournissent la nourriture à toute la famille.
Même devenu adulte, le castor ne s'éloigne jamais vraiment de son coin de rivière.

Le castor passe une grande partie de son temps à construire sa hutte et à s'en occuper. Un ou plusieurs chemins y aboutissent.

À TON AVIS :

À quoi reconnaît-on une rivière habitée par les castors ?

→ Réponse 1 : Par des branchages entassés et des arbres abattus.

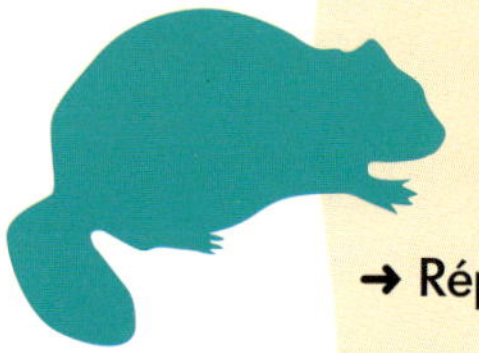

→ Réponse 2 : Par la fumée qui sort de la cheminée de la hutte.

→ Réponse 3 : Par des barrières construites autour du plan d'eau.

... On reconnaît une rivière habitée par les

Au-dessus de la hutte, un trou, appelé évent, permet à l'air de circuler. L'hiver, de la vapeur peut même en sortir : cela veut dire qu'il fait bien chaud à l'intérieur.

Que de branchages entassés et d'arbres abattus ici ! C'est là que se trouve la maison du petit castor. L'entrée se situe sous l'eau, bien cachée. La hutte est construite avec de la boue et des branchages. Le plancher est constitué de deux niveaux. Le premier communique avec la rivière. En arrivant chez lui, le petit castor s'y arrête pour éliminer l'eau de sa fourrure en se secouant très fort. Le second niveau est recouvert d'une litière. C'est là que toute la famille se repose.

Le castor ne vit pas vraiment dans l'eau. La rivière lui sert à se déplacer, à se cacher ou à transporter ses morceaux de bois pour la construction de sa maison ou des barrages.

castors, aux branchages entassés et aux arbres abattus.

Juste avant l'hiver, la hutte est recouverte de boue. Avec les gelées, la boue formera une formidable protection contre le froid.

Bûcheron et bâtisseur

Crac !… Encore un arbre par terre. Le castor est un véritable bûcheron. Avec ses dents de devant, de puissantes incisives, il est capable de cisailler le moindre morceau de bois et d'abattre de gros arbres. Rien ne lui résiste, même les bois les plus durs. Derrière lui, il ne reste que des troncs taillés en forme de pointe.

Le castor, quel bûcheron ! Il est capable à lui seul d'abattre un arbre de plus de 10 centimètres de diamètre en une demi-heure.

À TON AVIS :

Pourquoi le castor construit-il des barrages ?

→ Réponse 1 : Pour avoir une grande piscine et se baigner avec les copains toute l'année.

→ Réponse 2 : Pour éviter l'inondation de la hutte.

→ Réponse 3 : Pour que la profondeur de l'eau soit toujours la même là où il habite.

Délicat, avec ça !

Au bout de quelques mois, le petit castor ne tète plus sa maman. Il se nourrit alors exclusivement de végétaux. Tout y passe, les feuilles, les branches, les rameaux, les plantes et l'écorce de certains arbres. Il est capable de consommer une grande quantité d'espèces différentes, cela dépend de l'endroit où il vit.

Le castor rassemble les feuilles en petites boules avec ses 2 pattes avant et les mange à grand bruit de papier froissé.

À TON AVIS :

Que fait le castor à part manger et travailler ?

→ Réponse 1 : Il fait la sieste au soleil.

→ Réponse 2 : Il adore prendre du temps pour faire sa toilette.

→ Réponse 3 : Il adore rigoler avec les copains.

du temps pour faire sa toilette.

Après s'être reposé, le castor prend soin de sa fourrure.
Pas question d'aller travailler sans avoir fait sa toilette !

Il fait tout en famille

La famille castor est au grand complet. Les parents, les jeunes de l'année, ceux de l'année précédente : tout le monde est là ! C'est la mère qui est à la tête du groupe. C'est elle qui décide des grands travaux à réaliser : nouveaux barrages, huttes... Chez les castors, la maman joue un rôle très important pour assurer l'unité de la famille.

Les jeunes castors restent pendant environ deux ans avec leurs parents. Après, ils devront s'en aller et trouver un nouvel endroit pour fonder à leur tour une famille.

À TON AVIS :

Comment fait le castor quand il est face à un danger ?

→ Réponse 1 : Il donne un grand coup de queue dans l'eau.

→ Réponse 2 : Il répand une mauvaise odeur qui fait fuir son ennemi, dégoûté.

→ Réponse 3 : Il se place devant son ennemi, prêt à lutter.

... Quand il est face à un danger, le castor

En cas de danger, le castor se défend avec ses puissantes incisives.

Les castors ont le sens de la communication. Ils savent émettre des cris ou des bruits qui leur permettent de se comprendre.
Mais si un loup s'approche, si un ours s'annonce, splaaaash ! Le castor donne un grand coup de queue à la surface de l'eau. Cela sert à prévenir le reste du groupe. Et hop ! tout le monde va se cacher.

Un grand coup de queue à la surface de l'eau et juste après, plouf ! le castor plonge. Il en fait du bruit ! Et pour le loup qui le guette, c'est très impressionnant.

donne un grand coup de queue dans l'eau.

Sur la terre, le castor n'est pas très à l'aise. Il craint les loups et les ours. Alors il ne s'éloigne jamais des berges. Ainsi, en cas de danger, il est toujours prêt à plonger.

Le castor appartient à la classe des **mammifères** : cela signifie qu'il allaite ses petits. Il appartient à l'ordre des **rongeurs** : cela signifie qu'il possède 2 paires d'incisives qui poussent sans arrêt et qu'il se nourrit de végétaux. Il appartient à la famille des **castoridés**. Son nom latin est ***Castor fiber*** : tous les animaux ont un nom savant qui est compris par les scientifiques du monde entier.
Le castor pèse entre **11 et 30 kg.**
Le castor vit de **10 à 15 ans.**
Le castor vit auprès des cours d'eau d'Amérique du Nord et d'Europe.

Du bout de son nez au bout de son arrière-train, le castor mesure de 80 cm à 1,20 m.

La fourrure du castor est imperméable.

Les pattes arrière du castor sont palmées.

Les animaux sont très nombreux et très différents les uns des autres. Pour s'y retrouver, les scientifiques les ont classés en fonction de leurs ressemblances et de leur façon de vivre.

LE PETIT CASTOR

Crédit photographique

© JACANA :
Photo T. Walker : pages 3, 8 (b), 13 (b)
Photo W. Wisniewski : pages 7, 12 (b-g)
Photo H. Engels : page 9
Photo H. Brehm : page 11
Photo S. Krasehann : page 13 (h)
Photo S. Cordier : page 21
Photo T. Mc Hugh : page 23

© COLIBRI :
Photo V. & M. Munier : pages 2, 4 (b), 16 (b-d)

Photo J. P. Paumard : page 20 (h-g)

© SUNSET :
Photo Animals : pages 4 (h-g), 5
Photo G. Lacz : page 8 (h-g)
Photo Weststock : page 10
Photo Hos King : page 12 (h-d)
Photo Animals : pages 16 (h), 17, 18, 20(b-g)

© BIOS :
Photo C. Thouvenin : couverture
Photo D. Klees/Fotonatura : page 15

h : haut, b : bas, d : droite, g : gauche